Inhalt

Aufatmen im Modehandel - Erfolgreichster Saisonauftakt aller Zeiten!

Kernthesen

Beitrag

Fallbeispiele

Zahlen und Fakten

Weiterführende Literatur

Impressum

GENIOS BranchenWissen Nr. 10/2007 vom 25.10.2007

Aufatmen im Modehandel - Erfolgreichster Saisonauftakt aller Zeiten!

Autor GENIOS BranchenWissen: A.Schneider

Kernthesen

- Der Modehandel konnte bislang vom Konjunkturaufschwung nicht besonders profitieren. Der Septemberumsatz lässt nun aber hoffen. Er lag rund zwanzig Prozent über dem des Vorjahres.
- Zu den Branchenführern zählen Zara (Inditex), H&M und Esprit. Die Preis-Leistungs-Führerschaft beansprucht C&A, Preisführer ist Discounter Kik als

wachstumsstarker Branchennewcomer, und Takko sieht sich als Discounter mit modischem Anspruch.
- Der Textilfachhandel ist nach wie vor der wichtigste Vertriebsweg, doch der Versandhandel und Anbieter aus anderen Branchen (z.B. Lebensmittel) holen auf.

Beitrag

Der Modefachhandel hatte es in den vergangenen Jahren nicht leicht. Weitgehend gesättigt zeigte sich der Markt, geizig die Kunden, und viele gaben ihr knappes Bekleidungsbudget bei Discountern wie Kik und Takko oder gar bei textilfremden Discountern wie Aldi oder Lidl aus.

Modehandel profitiert bisher nicht von der Konjunktur, der September allerdings lief bombastisch

Wer mal wieder vor seinem Kleiderschrank steht und nicht weiß, was er anziehen soll, dem stehen zahlreiche Shopping-Möglichkeiten zur Verfügung.

Im Kaufhaus, Warenhaus, im größeren Bekleidungshaus (P&C), bei C&A, H&M, Zara, in Fachgeschäften und Boutiquen, in Shop-In-Shops, in Markenshops der Hersteller, im Jeansladen, Sportartikelgeschäft, im Verbrauchermarkt, im Einkaufszentrum, im Direktverkauf, in Factory Outlets, im Versandhandel, per Katalog, über Internet, über Ebay oder im Second Hand Laden lässt sich bestimmt etwas finden, falls nicht kann man ja beim Schneider notfalls auch maßschneidern lassen. Einer Spiegel-Umfrage zufolge kaufen die Deutschen am liebsten in großen Bekleidungsshops mit eigener Marke, gefolgt von Kauf- oder Warenhäusern à la Karstadt und in Shopping-Centern. [Abb.1]

In der aktuellen Herbstsaison haben wohl schon viele zugegriffen. Der Modehandel jedenfalls jubelte über einen hervorragenden Septemberumsatz. Er lag rund zwanzig Prozent über dem des Vorjahres. Damit war laut BTE der September wahrscheinlich im Modehandel der bislang erfolgreichste Saisonauftakt aller Zeiten.
Insgesamt allerdings konnte der Modehandel vom Konjunkturaufschwung noch nicht allzu deutlich profitieren. Aufgelaufen per Ende September liegt der Umsatz des deutschen Bekleidungshandels nach vorläufigen BTE-Schätzungen drei bis vier Prozent über dem Vorjahr. (1)

Ohnehin waren die letzten Jahre für die Modebranche schwierig. In den letzten fünf Jahren hat der Markt insgesamt an Volumen verloren. In Euro umgerechnet erlöste die Branche 1996 noch 60,2 Milliarden Euro, also 5 Milliarden Euro mehr als im vergangenen Jahr.
Im vergangenen Jahr setzte der Handel mit Bekleidung und Textilien insgesamt 55,24 Milliarden Euro um. Damit betrug das Wachstum nur 1 Prozent gegenüber 2005. (2), (3)

Zwar gibt es weiterhin Sonderangebote und Preisreduzierungen, doch die Zeit der Rabattschlachten aus den vergangenen zwei Jahren läuft ab. Zunehmend setzen die Anbieter auf eine weniger preissensible, modebewusste und zahlungskräftige Klientel. So startete im Frühjahr H&M die Luxus-Linie COS. Auch Inditex, bekannt geworden mit der Marke Zara, betreibt mit Massimo Dutti eine Kette für Luxus-Kunden.

Zara und Esprit wachsen am stärksten

Zara und H&M sind in Europa derzeit die führenden Anbieter. Zara (Inditex), bekannt für sein zielsicheres Gespür für Modetrends, deren rasche Umsetzung und eine hochwertige wirkende Präsentation im Laden, legte in den vergangenen Jahren das rasanteste Umsatzwachstum hin. Wettbewerber H&M wurde überflügelt. Zara und H&M wachsen zwar beide vor allem durch die Eröffnung neuer Filialen. Doch während Zara den Umsatz auch flächenbereinigt - also in Läden, die seit mehr als einem Jahr zum Konzern gehören - um sieben Prozent steigern konnte, verlor H&M flächenbereinigt sogar ein Prozent.

Auch der vertikal integrierte Anbieter Esprit, in Deutschland die Nummer 1 im Geschäft, legte ein starkes Wachstum hin, ist sehr profitabel und will künftig zum Mehrmarkenkonzern ausbauen. C&A beansprucht die Preis-Leistungs-Führerschaft, Takko positioniert sich als Discounter mit modischem Anspruch und Kik setzt auf die absolute Preisführerschaft im Modemarkt.

Textilfachhandel wichtigster Vertriebsweg, doch Versandhandel und Anbieter aus anderen Branchen holen auf

Der Fachhandel ist trotz rückläufiger Entwicklung nach wie vor der wichtigste Vertriebsweg für

Bekleidung und Textilien in Deutschland. Nach vorläufigen Berechnungen des BTE erzielte er im letzten Jahr einen Umsatz von 30,64 Milliarden Euro und erreichte gegenüber 2005 einen um 0,7 Prozentpunkte gestiegenen Marktanteil von 55,5 Prozent. Zum Textilfachhandel zählen alle Unternehmen, die überwiegend Textilien verkaufen, also neben den spezialisierten mittelständischen Fachgeschäften auch Filialisten wie C&A, P&C, H&M, KiK, Takko und Adler.

Auch Einzelhäuser und inhabergeführte Unternehmen behaupteten sich im vergangenen Jahr gut und erwirtschafteten hohe Umsätze und Pluszahlen (z.B. Lengemann&Trischmann, Osnabrück; Detlef Louis, der Spezialanbieter für Motorradfahrer, Engelhorn, Loden-Frey). (4) Weiterhin rückläufig ist der Anteil der Kauf- und Warenhäuser mit nur noch 12,1 Prozent.

Textildiscounter bauen Filialnetz weiter aus, günstige Beschaffung ist kritischer Erfolgsfaktor

Die Textildiscounter sind in den letzten Jahren wie Pilze aus dem Boden geschossen. Und noch immer setzen sie unter anderem auf Wachstum durch die Eröffnung immer weiterer Filialen. Ein Erfolgsfaktor ist dabei die Lage. Bisher waren die meisten Kiks und Takkos auf der grünen Wiese, in Stadtrandlagen mit vielen Parkplätzen und guter Verkehrsanbindung oder in Fachmarktzentren zu finden. Doch das ändert sich bereits. So will sich beispielsweise Takko aufwerten (Luxus-Takko) und 25 der in diesem Jahr geplanten Neueröffnungen in Deutschland in Innenstädten und Shopping-Centern durchführen. Hierbei wirken freilich die zweifelsohne höheren Innenstadtmieten limitierend.

Wichtigster Erfolgsfaktor für die Textildiscounter ist die günstige Beschaffung. Anbieter wie Kik und Takko kaufen fast ausschließlich in Fernost, also in Indien und China, zuweilen noch in der Türkei. Doch es darf bezweifelt werden, dass die Beschaffungspreise so günstig bleiben wie sie in den vergangenen Jahren waren. Takko rechnet mit einem Anziehen der Beschaffungspreise in diesen Ländern. Ob also die Billigstrategie noch lange aufrecht erhalten werden kann? (5)

Textilumsatz der Lebensmitteldiscounter schrumpft

Der Versandhandel und Anbieter aus anderen Branchen, z.B. Aldi, Lidl, Tchibo etc., machen dem Fachhandel immer spürbarer Konkurrenz. Sie erreichten im vergangenen Jahr jeweils deutlich über 7 Milliarden Euro Umsatz und belegen inzwischen jeweils einen Marktanteil von über 13 Prozent. [Abb.2] Doch in den letzten beiden Jahren allerdings waren auch bei den Lebensmittel-Discountern die Textilien keine Selbstläufer mehr. Beim Marktführer Aldi waren 2005 die Textilumsätze erstmals gesunken. 2006 hat sich diese Entwicklung fortgesetzt, Aldi und Lidl verloren mit Bekleidung jeweils über 4 Prozent Umsatz. Als Gründe werden ein stärker gewordener Wettbewerb und eine nachlassende Sparwut der Konsumenten angeführt. (4)

Vertikale auf dem Vormarsch: Vom Hersteller zum Händler

Einzelhändler mit einem vertikalen Geschäftsmodell, die also vom Entwurf über die Produktion bis hin zum Vertrieb die gesamte Wertschöpfungskette abdecken, konnten teils äußerst dynamisch wachsen.
So erzielte Esprit im vergangenen Jahr ein Umsatzplus von 33%, S.Oliver 26% und Ernestings Family 15%. New Yorker legte um 14% zu, Biba um 13% und Bonita steigerte die Erlöse um 10%.

Insgesamt haben die vertikalen Anbieter einen Umsatz von etwa 6 Milliarden Euro erwirtschaftet und haben nun einen Marktanteil von rund 11 Prozent inne.

Weitere Beispiele für vertikale Anbieter sind Orsay, Pimkie und Xanaka, aber auch Gerry Weber oder die Brinkmann-Gruppe mit ihren Marken Bugatti und Dressler. Sie eröffnen zunehmend eigene Geschäfte und machen so dem Handel Konkurrenz. In den vergangenen beiden Jahren haben mehr als 1 000 der insgesamt etwa 28 000 Modehändler in Deutschland aufgegeben. (6)

Teleshopping macht gute Geschäfte mit der Mode

Ein weiterer Trend zeichnet sich ab: Die Teleshopper-Textilsortimente finden guten Anklang und bescheren den Teleshopping-Versendern, z.B. QVC und HSE24, überraschend hohe Zuwachsraten. Beide wollen ihr Textilangebot weiter ausbauen.

Fazit

Die äußerst herbstlichen Temperaturen und der erste

örtlich bereits gefallene Schnee könnten auch in den nächsten Wochen die Modeinteressierten und bedürftigen in die Geschäfte treiben, so dass der Modehandel auf weiterhin gute Geschäfte hoffen darf. Nicht wenige dürften aber auch darauf verzichten, die warme Stube zu verlassen, und ordern die gewünschten Winterpullis und -jacken, Handschuhe, Mützen und Schals lieber bequem per Teleshopping oder übers Internet.

Fallbeispiele

Die Marke **Zara** gehört zum spanischen Unternehmen Industria de Diseno Textil SA (Inditex), La Coruna. Die Spanier waren in den vergangenen Jahren trotz schwieriger Wirtschaftslage im Heimatmarkt Spanien äußerst erfolgreich unterwegs. Die Inditex-Marken Zara und Bershka konnten vor allem im Ausland stark expandieren. Zuletzt machte Inditex über 60 Prozent seines Umsatzes im Ausland. Im vergangenen Jahr verbuchten sie einen Umsatz von 8,2 Milliarden Euro (plus 21,6%), das Konzernergebnis betrug rund 1 Milliarde Euro (plus 24,8%). Zara konnte im Gegensatz zum Hauptwettbewerber H&M seinen Umsatz nicht nur durch die Eröffnung neuer Filialen, sondern auch flächenbereinigt - also in Läden, die seit mehr als einem Jahr zum Konzern gehören - steigern. Das Umsatzwachstum ist seit fünf Jahren größer als das von H&M. 2006 setzten die Spanier erstmals auch insgesamt mehr um. Inditex verfügt weltweit über mehr als 3 300 Läden seiner acht Marken (neben Zara z.B. Massimo Dutti für die Luxus-Kliente, Polar&Bear, Bershka). Modetrends werden sehr schnell erfasst und umgesetzt. Künftig will Zara ebenfalls Mode für Schwangere anbieten, und die Einrichtungssparte Zara Home will ab Oktober mit dem Verkauf über das Internet starten. (7)

H & M Hennes & Mauritz AB

, Stockholm, ist nach Zara (Inditex) der zweitgrößte Modehändler in Europa. Im Frühjahr starteten die Schweden die selbstgegründete Premiummarke Collection of Style, kurz COS. Die Luxus-Linie Cos ist komplett getrennt von H&M. Zwar wird eine gemeinsame Logistik genutzt und zum Teil bei den gleichen Herstellern gefertigt, aber Stoffe, Verarbeitung und Design sind ganz anders. Das Geschäft mit Heimtextilien wurde um ein Jahr verschoben. H&M expandiert in Europa, Nordamerika und Asien; gerade wurden Läden in Hongkong und

Schanghai eröffnet. Im Frühjahr folgt Japan. H&M erzielte 2006 etwa 7,5 Milliarden Euro Umsatz. Im vergangenen Quartal konnte der Umsatz der Filialen nicht mehr gesteigert werden. Nur Neueröffnungen steigerten noch den Umsatz. Der Halbjahresgewinn wurde zwar um 17 Prozent auf 477 Millionen Euro gesteigert, dies lag aber weit unter dem Ergebnis des Konkurrenten Zara und enttäuschte die Analysten. (8)

Einer der erfolgreichsten Modekonzerne der Welt ist die **Esprit Holdings Ltd**. Zu Esprit gehören neben den Modemarken Esprit und EDC noch die Kosmetikmarke Red Earth. Künftig sollen noch mehr Marken aufgenommen werden, Esprit will sich zum Mehrmarkenkonzern wandeln, eine Luxusmarke wird noch gesucht. Bisher bietet Esprit vor allem Mode im mittleren Preissegment an. Der Konzern ist vertikal integriert vom Entwurf über Produktion bis zum Vertrieb (auch über Franchise-Nehmer) wird die gesamte Wertschöpfungskette abgedeckt. Im Ende Juni abgelaufenen Geschäftsjahr 2006/2007 wuchs der Umsatz um knapp 27 Prozent auf rund 2,7 Milliarden Euro. Die operative Gewinnmarge lag bei 36,6 Prozent. (9)

Die Düsseldorfer **C&A Mode KG** gilt als führend beim Preis-Leistungs-Verhältnis und will dies auch weiterhin aufrechterhalten. Der erfolgreiche Filialist setzt auf längere Öffnungszeiten, zahlreiche Neueröffnungen, Erweiterungen und Modernisierungen, auf Finanzprodukte (Ratenkredite, Autoversicherungen), eine DM-Aktion, bei der die Kunden noch mit der alten DM bezahlen können und erwägt einen Einstieg in den Versandhandel. C&A hat in Deutschland einen Marktanteil von 8,5%. Im Geschäftsjahr 2006/07 (28.2.) stieg der Umsatz in Deutschland um 4% auf 2,82 Milliarden Euro, der Jahresüberschuss um 1,1% auf 121 Millionen Euro. Das entspricht einer Umsatzrendite von 4,3%. C&A hat in Deutschland mehr als 400 Filialen, europaweit sind es mehr als Tausend. Der Gesamtumsatz des Unternehmens lag bei 5,65 Milliarden Euro (+8,4%). (10)

Takko Holding GmbH

, Telgte, bezeichnet sich selbst als Discounter mit modischem Anspruch, modisch nahe C&A und H&M, preislich nahe an C&A und Kik. Die Preisobergrenze für ein Teil liegt bei 49,99 Euro. Takko will künftig noch klarer auf Mode setzen und Hartware zunehmend aus dem Angebot nehmen. Das Unternehmen hat eine eigene Produktentwicklung und Warenbeschaffung, beschafft wird vornehmlich in Fernost und in der Türkei. Der Umsatz betrug 2006 rund 695 Millionen Euro. Vor kurzem übernahm der US-Fonds Advent vom Finanzinvestor Permira für 770 Millionen Euro 100% der Anteile. Takko betreibt 1 081 Geschäfte in Eigenregie, davon 854 in Deutschland. Im laufenden Jahr sollen hier 90 neue Filialen eröffnet werden. Auch die Expansion ins europäische Ausland ist geplant, von Portugal über die Schweiz bis nach Rumänien. (5)

Der Textildiscounter **KiK Textilien und Non-Food Holding GmbH**, Kunde ist König, beansprucht die Preisführerschaft im Markt. Die Tengelmann-Tochter setzt auf einen günstigen Einkauf und niedrige Löhne und muss sich derzeit prompt mit einer Strafanzeige von Verdi wegen Lohndumpings zum Nachteil Tausender Aushilfen auseinandersetzen. Der Branchen-Newcomer Kik legt ein rasantes Wachstum hin, nahezu an jedem Werktag entsteht eine neue KiK-Filiale. Nach Deutschland und Österreich drängt es Kik nun in die Schweiz und nach Mittel- und Osteuropa. Der Umsatz betrug zuletzt rund 1,2 Milliarden Euro. Insgesamt werden 2 300 Filialen betrieben und 18 000 Mitarbeiter (zum Großteil Aushilfen) beschäftigt. (11)

Der in den letzten Jahren eher auf Tauchstation gegangene Wettbewerber **NKD Vertriebs GmbH**, Bindlach, NKD (Niedrig Kalkuliert = Discount), plant nach erfolgreich abgewendeter Insolvenz und der

Eingliederung in das Textilimperium der Daun-Gruppe, einen neuen Vorstoß. NKD machte 2006 einen Umsatz von 440 Millionen Euro, der Gewinn wird nicht veröffentlicht. In Deutschland und Österreich gibt es rund 1 230 NKD-Märkte vor allem in kleinen und mittelgroßen Städten. 4 500 Mitarbeiter werden beschäftigt. (12)

Zahlen & Fakten

Top 21 Einkaufsorte für Kleidung 2001, 2006

Rang	Einkaufsort	2006* in Prozent	2001 in Prozent
1	Große Bekleidungsshops, eigene Marke	59	k.A.
2	Kaufhaus, Warenhaus (Karstadt)	57	61
3	Shopping-Center	55	46
4	Große Bekleidungsshops, viele Marken	51	k.A.
5	Jeans-Laden	51	52
6	Kleinere Fachgeschäfte, viele Marken	45	k.A.
7	Sportfachgeschäft	43	43
8	Nach Katalog (Otto, Quelle, Bader)	36	33
9	Textil-Discounter (Adler, Takko, KiK)	34	k.A.
10	Kaffeegeschäft (Tchibo)	33	k.A.
11	Kleinere Fachgeschäfte, eigene Marke	32	k.A.
12	Boutique	30	36
13	Lebensmittel-Discounter	29	k.A.
14	Direkt beim Hersteller, Fabrikverkauf	26	22
15	SB-Warenhaus (Real, Toom)	20	k.A.
16	Herrenausstatter	19	21
17	Factory-Outlet-Center	16	9
18	Lebensmittel-Supermärkte (Aldi)	13	k.A.
19	Internet, Online-Shopping	13	4
20	Secondhand-Laden, Flohmarkt	11	9
21	Internet, Auktionshäuser (eBay)	11	k.A.

* Fragestellung: Kaufe gern Kleidung bei...
Basis: Bevölkerung 14 bis 64 Jahre, 50,11 Millionen Personen.

Quelle: Outfit 2007, Spiegel-Verlag

Entnommen aus: Werben und Verkaufen, 17/2007

Textil- und Bekleidungsumsatz des Einzelhandels nach Branchen und Vertriebsformen im Jahr 2006

Stationärer Einzelhandel mit überwiegend	2006 Mill. Euro	%
-Bekleidung o.a.S.	21.500	38,9
-Herrenbekleidung	1.450	2,6
-Damenbekleidung	4.280	7,8
-Kinderbekleidung	290	0,5
-Pelzwaren	100	0,2
Bekleidungsfachhandel gesamt	**27.620**	**50,0**
-Aussteuer, Bettwaren	1.000	1,8
-Teppiche, Gardinen	1.500	2,7
-Meterwaren/Handarbeiten/Kurzwaren	510	0,9
Sonstiger Textilfachhandel gesamt	**3.010**	**5,4**
Textilfachhandel gesamt*	**30.640**	**55,5***
Kauf- und Warenhäuser	6.700	12,1
Möbelgeschäfte	1.350	2,5
Sportgeschäfte	1.400	2,5
Versandhandel	7.400	13,4
andere Branchen	7.350	13,3
Ambulanter/Markthandel	400	0,7
Nicht-Textilfachhandel gesamt	**24.600**	**44,5**
Einzelhandel mit Bekleidung und Textilien gesamt	**55.240**	**100**

o.a.S. = ohne ausgeprägten Schwerpunkt; * Rundungsfehler   GBI-Genios Grafik

Quelle: BTE-Statistik-Report Textileinzelhandel 2007

Entnommen aus: Textilfachhandel bleibt Marktführer, TextilWirtschaft 38, 20.09.2007 (2)

Weiterführende Literatur

(1) BTE, Aktuelles rund um den Textileinzelhandel, BTE-Pressemitteilung, 19.10.2007
aus TextilWirtschaft 27 vom 05.07.2007 Seite 036

(2) Textilfachhandel bleibt Marktführer
aus TextilWirtschaft 38 vom 20.09.2007 Seite 020

(3) Mehr Umsatz, weniger Konzentration
aus TextilWirtschaft 38 vom 20.09.2007 Seite 050

(4) Discounter schlaffen ab
aus TextilWirtschaft 38 vom 20.09.2007 Seite 055

(5) Advent-Zeit
aus TextilWirtschaft 39 vom 27.09.2007 Seite 024

(6) Volle Kleiderschränke
aus Süddeutsche Zeitung, 23.07.2007, Ausgabe Deutschland, Bayern, München, S. 21

(7) Inditex trotzt Konsumflaute in Spanien
Modekonzern übertrifft Gewinnerwartungen · Auslandsexpansion der Marke Zara treibt Ergebnis · Aktienkurs steigt kräftig
aus Financial Times Deutschland vom 20.09.2007, Seite 6

(8) Verlierer H&M
aus Frankfurter Allgemeine Zeitung, 27.09.2007, Nr. 225, S. 20

(9) Esprit will in neue Modemarken investieren
aus Handelsblatt Nr. 195 vom 10.10.07 Seite 21

(10) C&A verzichtet auf Marge, um Marktanteile zu gewinnen
aus TextilWirtschaft 33 vom 16.08.2007 Seite 006

(11) "Jeden Tag eine neue Filiale"
aus Lebensmittel Zeitung 40 vom 05.10.2007 Seite 009

(12) Vom Vorreiter zum Verfolger
aus Lebensmittel Zeitung 41 vom 12.10.2007 Seite 012

Impressum

Aufatmen im Modehandel - Erfolgreichster Saisonauftakt aller Zeiten!

Bibliografische Information der deutschen Nationalbibliothek

Die Deutsche Nationalbibliothek verzeichnet diese Publikation in der deutschen Nationalbibliografie; detaillierte bibliografische Daten sind im Internet über http://dnb.d-nb.de abrufbar.

ISBN: 978-3-7379-2880-9

© 2015 GBI-Genios Deutsche Wirtschaftsdatenbank GmbH, Freischützstraße 96, 81927 München, www.genios.de

Alle Rechte vorbehalten. Dieses Werk ist einschließlich aller seiner Teile – z.B. Texte, Tabellen und Grafiken - urheberrechtlich geschützt. Jede Verwertung außerhalb der Grenzen des Urheberrechtsgesetzes bedarf der vorherigen Zustimmung des Verlags. Dies gilt insbesondere auch für auszugsweise Nachdrucke, fotomechanische

Vervielfältigungen (Fotokopie/Mikroskopie), Übersetzungen, Auswertungen durch Datenbanken oder ähnliche Einrichtungen und die Einspeicherung und Verarbeitung in elektronischen Systemen.